Rassestandard des West Highland White Terrier

Welche Körper- und Wesensmerkmale ein rassetypischer West Highland White Terrier als erwachsener Hund aufweisen muß, ist im sogenannten RASSESTANDARD der FCIbeschrieben.

Allgemeines Erscheinungsbild
Kräftig gebaut; tiefe Brust und weit nach hinten reichende Rippen; ebener Rücken, kraftvolle Hinterhand mit muskulösen Läufen, die in hohem Maße eine großartige Verbindung von Kraft und Aktivität zum Ausdruck bringt.

Körper: kompakt

Farbe: weiß

Größe: Schulterhöhe ca. 28 cm

Haarkleid:
Haar doppeltes Haarkleid. Das Deckhaar besteht aus ca. 5 cm langem, harschem Haar ohne jegliches Zeichen von Locken. Unterwolle pelzartig, kurz, weich und dicht. Offenes Haar äußerst unerwünscht.

Rücken
Eben.

Lenden
Breit, kräftig.

Rute
12,5 bis 15 cm lang; mit hartem Haar bedeckt, ohne Befederung; so gerade wie möglich und forsch, jedoch nicht lustig oder über den Rücken gezogen getragen. Eine lange Rute ist unerwünscht, und Ruten dürfen in keinem Fall kupiert werden.

Hinterhand
Kräftig, muskulös und im oberen Teil breit. Läufe kurz, muskulös und mit starken Sehnen.

Oberschenkel
Stark bemuskelt ,nicht zu weit auseinander stehend.

Sprunggelenke
Gut gewinkelt und gut unter den Körper gestellt; in Stand und Bewegung ziemlich dicht nebeneinander. Steile oder schwache Sprunggelenke äußerst unerwünscht.

Gangwerk
Frei, gerade und rundherum flüssig. Die Vorderläufe werden aus der Schulter heraus raumgreifend nach vorn bewegt. Bewegung der Hinterhand frei, kraftvoll und nahe nebeneinander. Sehr biegsame Knie- und Sprunggelenke und gut unter den Körper greifende Sprunggelenke bewirken den Schub. Steife, stelzige Bewegung der Hinterhand und Kuhhessigkeit höchst unerwünscht.

Foto: Carol Ann Johnson

Faszination Hunde

Dr. Wilfried Peper

Wir wollen einen Westie-Welpen

© 2003, bede-Verlag, Bühlfelderweg 12, D-94239 Ruhmannsfelden
e-Mail: info@bede-verlag.de
Internet: www.bede-verlag.de
Konzept und Herstellung der Reihe *Faszination Hunde*: bede-Verlag GmbH
Layout und Bildbearbeitung: Thomas Pfeffer

Fotos: Alle Fotos von Isabelle Francais, ausser
Christine Steimer (S. 3, 11, 16, 18, 48)
Caroline und Bernd Brinkmann (S. 12, 15, 24, 37, 40, 43, 46)
Inga Flamang (S. 2, 10, 30, 45)
Walter Effing (S. 22, 31, 32)
Elke Peper (S. 8, 34),
Karen J. Taylor (S. 46)
Alice van Kempen (S. 20, 44)
Klaar (S. 27)
Bernhard Becker (S. 33)
Carol Ann Johnson - Vorsatz

ISBN: 3-89860-071-8
bede-Bestellnummer: FA 001

Inhaltsverzeichnis

Einleitung

Einen Hund
sein eigen
zu nennen,
ist etwas
Wunderschönes.

Die Entscheidung für einen Hund ist die Entscheidung für eine Freundschaft, die Treue und Zuneigung verspricht und die ein ganzes Hundeleben währt.
Wer diese Freundschaft möglichst lange genießen will, muß sich für den Kauf eines Welpen entscheiden. Welpen – gleich welcher Rasse und Abkunft – sind ungewöhnlich attraktiv und niedlich – sie sind oft ein einziger Appell an menschliche Emotionen.
„Augen auf beim Welpenkauf!" rät daher der Verband für das Deutsche Hundewesen (VDH), der Dachverband, in dem in Deutschland die seriösen Rassehundezuchtvereine zusammengeschlossen sind. Nicht ohne Grund sehen der VDH und seine Zuchtvereine darauf, dass verantwortungsbewußte Züchter bemüht sind, nicht nur rassetypische, sondern vor allem gesunde und wesensfeste Hunde zu züchten, deren Gesellschaftsverträglichkeit überdies im nicht eben hundefreundlichen Deutschland außer Zweifel stehen muss.
So unglaublich es klingt: Nur gut ein Viertel der in Deutschland gekauften Welpen stammt aus VDH-Zuchten, die sich dadurch auszeichnen, dass die Einhaltung von anspruchsvollen Qualitätsstandards auch kontrolliert und gefördert wird. Der weit überwiegende Teil aller Welpen wird bei dubiosen Hundehändlern, von Puppy-Farms und zahlreichen verantwortungslosen Vermehrern erworben, die sich nicht selten zweifelhafter Vereine bedienen, um die Erzeugnisse ihrer Hundeproduktion mit ebenso phantasievollen wie dekorativen Abstammungspapieren zu versehen. Und diese Vermehrer haben nur zu leichtes Spiel: Da alle Welpen nun einmal niedlich sind und mehr oder weniger stark dem Schutz- und Versorgungsinstinkt auslösenden Kindchenschema entsprechen, ist es für skrupellose Verkäufer ein Leichtes, 'die Ware Hundewelpe' an Käufer zu bringen, deren Vernunft beim Welpenkauf offenbar weitestgehend ausgeschaltet ist.

Dieser Entwicklung kann wirksam nur durch informierte, verantwortungsbewußte und kritische Welpenkäufer Einhalt geboten werden. Welpenkäufer über die Objekte ihrer besonderen Zuwendung sachkundig zu machen und ihnen ihre Verantwortung für ein Lebewesen vor Augen zu führen, das im Zweifel länger als ein Jahrzehnt Mitglied ihres Familienrudels sein wird, ist die Zielsetzung dieser Buchreihe (der Buchreihe „Ich kaufe mir einen ...-Welpen").

Mit Züchtern sind dabei ausschließlich Züchter von Rassehunden gemeint. Darin liegt keine Diskriminierung von Mischlingshunden, die sicherlich nicht minder liebenswert, anhänglich und leistungsfähig sind. Nur: Wer Hunde züchten oder Welpen kaufen will, über deren Größe, äußeres Erscheinungsbild und zu erwartende Wesenseigenschaften eine verlässliche Vorhersage möglich ist, muß sich für einen Rassehund entscheiden. Und in einer nicht gerade hundefreundlichen Gesellschaft tut jeder Hundeliebhaber gut daran, sich einen Welpen zu kaufen, bei dem er weiß, wie der erwachsene Hund aussieht, welche Verhaltensweisen bei ihm mit hoher Wahrscheinlichkeit zu erwarten sind – und dass er einen solchen Hund zu beherrschen in der Lage ist.
Zu welchem Hund sich ein Welpe jedoch letztlich entwickelt, wird entscheidend von den Menschen geprägt, die ihn erwerben und in deren Gemeinschaft er aufwächst. So lange es Hunde gibt, wird auch ein Satz seine Gültigkeit haben: Die Zucht macht den Welpen, die Aufzucht den Hund.
Praktisch bedeutet das: Aus einem verdorbenen Welpen mögen Menschen mit viel „Hundeverstand" unter Umständen noch einen passablen Hund machen können, aber der bestveranlagte Welpe kann durch nicht artgerechte Aufzucht und Haltung noch gründlich ruiniert werden.
Dieser Leitfaden soll Ihnen helfen, bei verantwortungsbewußten Züchtern einer zu ihnen passenden Hunderasse einen gesunden, zu Ihnen passenden Welpen zu erwerben und ihn so aufzuziehen, dass Sie auf Dauer Freude an Ihrem vierbeinigen Gefährten haben.

Nicht ohne Grund gehört der West Highland White Terrier zu den beliebtesten Hunderassen

Ein Westie-Welpe soll es sein

Klein aber oho: Der West Highland White Terrier überzeugt bei einer Körpergröße von etwa 28 cm mit seiner Robustheit und seinem ausgeprägten Selbstbewußtsein.

Warum ein West Highland White Terrier?

Wer einen Westie-Welpen haben möchte, hat sich damit zweifellos für eine wundervolle Rasse entschieden. Er muss jedoch sehr genau wissen, was für einen Hund er sich damit ins Haus holt – welche Körper- und Wesensmerkmale ein erwachsener Westie aufweist. Der Westie ist nämlich nicht nur – wie die Werbung glauben machen könnte – eine liebe, knuddelige Augenweide, er ist auch ein ca. 28 bis 30 cm großes, rauhaariges, durchaus langlebiges, temperamentvolles Kraftpaket mit einer Jagdhund-Vergangenheit.

Ein West Highland White Terrier von typischem Wesen ist ein Hund mit zwei Gesichtern: Dieser außerordentlich charmante und fröhliche Terrier, der mit seinem Chrysanthemenkopf dem Kindchenschema der Gestaltspsychologie so sehr entspricht, ist gleichzeitig ein unerschrockener, aktiver, vor Robustheit strotzender Hund, den man zum Selbstbewußtsein nicht erst ermuntern muss; er ist im häuslichen Kreis ein ausdauernder, gelehriger und liebenswürdiger Begleiter, der indessen nichts unversucht läßt, mit Charme, Raffinesse und Beharrlichkeit seinen Kopf durchzusetzen; er ist ein friedlicher selbstbewußter Meutehund und ein idealer Spielgefährte für Kinder, der sich unkompliziert den jeweiligen Gegebenheiten anpasst, und dennoch ein Hund, dem man seine Schärfe auf Raubzeug ansieht, der seinen ungebrochenen Jagdinstinkt immer wieder unter Beweis stellt und dessen mächtige Zähne größere Vierbeiner wie ungebetene Zweibeiner zu fürchten haben; ein Hund überdies, dessen durchdringender Blick Wachsamkeit und Intelligenz nicht nur vortäuscht.

Wie es seiner Wesensart entspricht, hat der West Highland White Terrier den Rollentausch vom schneidigen Jagdhund zum selbstbewussten Begleithund, der seinen Platz als anerkanntes Mitglied der Familie sichtbar genießt, ohne Schwierigkeiten bewältigt.

Ein Westie-Welpe soll es sein

Den Hund an die Leine zu gewöhnen, gehört zu den ersten Erziehungsmaßnahmen. Er muss lernen, brav neben Ihnen herzulaufen und nicht an der Leine zu ziehen.

Die Anpassungsfähigkeit des weißen Hochländers an die sich wandelnden Gegebenheiten menschlicher Zivilisation, ohne dabei jedoch seinen wachen Instinkt und seine Ursprünglichkeit zu verlieren, erregte schon in den dreißiger Jahren des vorigen Jahrhunderts einige Aufmerksamkeit. An dieser Fähigkeit hat sich bis heute nicht viel geändert: Westies gewöhnen sich in kürzester Zeit an die Spielregeln eines geordneten Haushalts, wo sie sich lebhaft, aktiv und fröhlich am Familienleben beteiligen. Außerdem offenbaren sie schon sehr früh eine bemerkenswerte, für mobile Hundefreunde höchst angenehme Neigung: Sie fahren in aller Regel mit außergewöhnlicher Begeisterung Auto.

Kaum ein anderer Terrier kann so treuherzig blicken

Ein Westie-Welpe soll es sein

Das attraktive Erscheinungsbild des West Highland White Terriers, das sicherlich auch einiges zu seiner heutigen Beliebtheit beigetragen hat, kommt allerdings – auch das muss mit aller Deutlichkeit gesagt werden – nicht von allein. Das aus harschem Deckhaar und weicher Unterwolle bestehende Haarkleid eines Westies muss regelmäßig und sorgfältig gepflegt (getrimmt!) werden, sonst verwandelt sich der Hund alsbald in ein unansehnliches Fellknäuel.

Lassen Sie Ihren Westie-Welpen nicht unkontrolliert im Freien spielen, solange er noch keinen vollständigen Impfschutz besitzt.

Das attraktive Erscheinungsbild des weißen Hochländers hat seinen Preis.

Ein Westie-Welpe soll es sein

Wer kann dem ausgeprägten Charme und dem attraktiven Aussehen dieses kleinen Kerls schon widerstehen?

Außerdem benötigt ein Westie, um seine hervorragenden Charaktereigenschaften voll entwickeln zu können, regelmäßigen Kontakt mit seinem Familienrudel und intensive Zuwendung – diese Rasse gehört ins Haus und niemals in den Zwinger. Darüber hinaus muss dem Bewegungsdrang dieses Abkömmlings von Arbeitsterriern nachhaltig Rechnung getragen werden, damit er gar nicht erst in Versuchung gerät, seine überschüssige Energie in unerwünschten häuslichen Aktionen loszuwerden.

Nur ein artgerecht gehaltener Westie bleibt in jeder Hinsicht gesund und fit – und kann so für 12 bis 15 Jahre der liebenswerte vierbeinige Gefährte „seiner" Menschen sein.

Westies stecken voller Energie und lieben Gesellschaft beim Herumtollen.

Rüde oder Hündin?

Neben persönlichen Vorlieben sollten auch praktische Überlegungen für die Entscheidung Rüde oder Hündin maßgebend sein.

Wer nach der Lektüre des Rassestandards und der einführenden Erläuterungen zu der Überzeugung gelangt ist, ein Westie sei der richtige Hund für ihn, wird sich nun die Frage nach dem Geschlecht des künftigen Hausgenossen stellen: Rüde oder Hündin – oder...?

Es mag ja durchaus Hunderassen geben, bei denen sich Rüden und Hündinnen neben ihrem körperlichen Geschlechtsgepräge auch in ihrem Verhalten – sei es gegenüber ihren zweibeinigen Rudelmitgliedern, gegenüber Artgenossen, in ihrem Ausbildungsverhalten oder ihrer Führigkeit – deutlich unterscheiden. Beim West Highland White Terrier sind diese Unterschiede jedenfalls nicht von Belang. Die Frage „Rüde oder Hündin" ist hier eher eine Frage der persönlichen Vorliebe oder das Ergebnis praktischer Überlegungen. So gehören, was den West Highland White Terrier anbetrifft, die hinlänglich bekannten Geschichten über ausgeprägte geschlechtsspezifische Wesensunterschiede zwischen Rüden und Hündinnen mehr oder weniger in das Reich der Fabel – anhängliche Schmuser und charmante Dickköpfe finden sich bei Rüden und Hündinnen gleichermaßen.

Ob Rüde oder Hündin – Westies bestechen durch ihren Charme

Ob die im Laufe eines Jahres zweimalige, jeweils etwa 21 Tage währende Läufigkeit der Hündin oder die fortwährende Minnebereitschaft des Rüden mit geringeren Problemen verbunden ist muss jeder selbst entscheiden, je nach dem, ob sich unter den Hunden der unmittelbaren Nachbarschaft mehr Rüden oder mehr Hündinnen befinden; oder ob man bei Regenwetter mangels Garten, in den man seinen Westie laufen lassen könnte, mit dem Rüden etwas länger oder mit der Hündin nur kurz im Regen stehen möchte – oder ob man als Gartenfreund ausgeprägte 'Brandflecke' im Rasen (Hündin) einigen angeätzten bodennahen Planzenästen (Rüde) vorzieht.

Wer nicht durch objektive Rahmenbedingungen festgelegt ist und keine aus welchen Gründen auch immer bestehende ausgeprägte Vorliebe für Rüde oder Hündin besitzt, sollte sich in dieser immer wieder hochgespielten Frage nicht ohne Not festlegen und in Ruhe den Wurf abwarten. Jedenfalls hat logischerweise derjenige die größte Chance, von einem angesehenen Züchter einen Westie-Welpen zu bekommen, der sich in dieser Frage flexibel zeigt.

Besser noch: Neutral!

Die Frage 'Rüde oder Hündin' kann aber auch noch anders entschieden werden, nämlich mit der Antwort 'Weder – noch' oder 'Besser noch: Neutral!'. Wer mit seinem Westie nämlich nicht züchten oder ihn auch nicht ausstellen will, sollte einmal ernsthaft darüber nachdenken, ob er seinen erwachsenen Westie nicht kastrieren läßt, d.h. Hündinnen nach der zweiten oder dritten Läufigkeit, Rüden zwischen dem 18. und 24. Monat. Jedenfalls sind Sie bei einem verantwortungsbewussten 'Ja' in dieser Frage der Entscheidung 'Rüde oder Hündin' enthoben. Wenn Sie sich zu einer Kastration entschließen, dann ist jedoch – ob Rüde oder Hündin – möglichst frühe Kastration dringend angeraten. Sie rauben Ihrem Hund damit nichts, was ihm fehlen würde, im Gegenteil: Er wird ein ruhigeres, ausgeglicheneres, möglicherweise sogar längeres und gesünderes Leben führen. Ihm bleiben nämlich die unausweichlichen hormonellen Stoffwechselschwankungen erspart und manche unerfreuliche Konfrontation mit Geschlechtsgenossen. Kastrierte Hunde sind in der Regel friedlicher, ordnen sich leichter unter und bringen sich und ihre Familie nicht wegen eigener oder fremder Läufigkeit in unerwünschte Situationen.

Im übrigen sei darauf hingewiesen, dass das Kastrieren von Hunden in den USA unter der Bezeichnung 'neutering' seit Jahren von angesehenen Tierschützern und Hundeexperten generell empfohlen und von den Hundehaltern auch in beachtlichem Umfang praktiziert wird.

Die Kastration einer Hündin ist ein erheblich umfangreicherer Eingriff als die Kastration eines Rüden.

Vorüberlegungen

Spontanentscheidungen sind bei der Anschaffung von Tieren schon im allgemeinen höchst problematisch, bei der Anschaffung eines Hundes, insbesondere eines West Highland White Terriers, sind sie geradezu fatal.

Die Verantwortung für ein Lebewesen, das mehr als ein Jahrzehnt unser Begleiter sein soll, gebietet sich gründlich über dessen Bedürfnisse und über die praktischen Seiten der Sicherung dieser Bedürfnisse zu informieren und eine Fülle von Vorüberlegungen anzustellen.

„Keen Expression", der typische Terrierausdruck, zeigt sich bereits im Welpenalter

Die Anschaffung eines West Highland White Terriers sollte unter Einbeziehung aller Familienmitglieder entschieden werden.

Voruberlegungen

Bis zur achten Woche brauchen die Welpen den Kontakt zur Mutter und zu den Rudelgeschwistern.

Bevor Sie sich Ihren Westie-Welpen nach Hause holen, gibt es eine Menge zu tun, damit sich das neue Familienmitglied rundum wohlfühlen kann.

• Zunächst muß sich jeder angehende Hundehalter ernsthaft fragen, ob er die nötige Zeit und Bewegungsfreude für seinen Westie aufbringen kann und ob er vor allem die nötige Konsequenz besitzt, einen solchen Hund, der als Mitglied des Familienrudels akzeptiert und respektiert werden möchte, zu erziehen. In der Regel sind dies Fragen, die sich vor allem die Damen des Hauses zu stellen haben, denn an ihnen bleibt 'es' üblicherweise hängen.

• Sodann wäre zu prüfen, ob das Halten des Hundes rechtlich unproblematisch ist. Wer zur Miete wohnt, benötigt, um sicher zu sein, die schriftliche Erlaubnis des Vermieters; Grundstückseigentümer sollten in Erwägung ziehen, dass der Ärger mit bösartigen Nachbarn die Freude am Westie empfindlich stören könnte.

• Schließlich ist eine gründliche Kostenkalkulation hilfreich. Hier sind der nicht eben niedrige Kaufpreis für einen Westie-Welpen, die Hundesteuer, die Kosten einer empfehlenswerten Hunde-Haftpflichtversicherung, die Kosten für artgerechte Ernährung und Pflege sowie für regelmäßige tierärztliche Versorgung und regelmäßiges Trimming zu berücksichtigen. Unter Umständen sind auch noch der Garten ausbruchsicher zu umzäunen bzw. Balkon und Treppenhaus für einige Zeit „absturzsicher" zu machen.

Haben diese Vorüberlegungen zu einem positiven Ergebnis geführt, so kann man sich nun auf die Suche nach einem geeigneten Züchter machen.

Westies sind keine Ein-Mann-Hunde – ihre Zuneigung gilt allen Mitgliedern des Familienrudels

Checkliste „Persönliche Voraussetzungen“

- Bin ich finanziell in der Lage, die gesamten Kosten der Hundehaltung auf Dauer zu tragen?
- Habe ich bedacht, dass die Entscheidung zum Kauf eines Westies auch bedeutet, für 12 bis 15 Jahre Verantwortung für ein Lebewesen zu übernehmen?
- Wird die Entscheidung von allen Familienmitgliedern, vor allem vom haushaltführenden, getragen, und hat niemand gesundheitliche Bedenken (Hundehaarallergie)?
- Bin ich in der Lage, eine starke Hundepersönlichkeit mit Liebe, Geduld und Konsequenz zu erziehen?
- Sind für den Urlaub das Mitnehmen oder die Betreuung des Hundes gesichert?
- Kann sich wenigstens ein Familienmitglied täglich mehrere Stunden um den Westie kümmern, und ist der Hund während des Tages nicht regelmäßig mehrere Stunden allein?
- Ist in meiner Mietwohnung das Halten von Hunden erlaubt? Bin ich bereit, meinen Garten ausbruchsicher zu umzäunen (0,8 bis 1 m hoch mit „Grabeschutz“ versehen), ihn hundegerecht (giftfrei) zu bepflanzen und Abschied vom „englischen“ Rasen zu nehmen?
- Bin ich bereit, dem Hund regelmäßig die erforderliche mehrstündige Bewegung zu verschaffen?

Checkliste „Kosten“

Einmalige Kosten

- Kaufpreis Welpe
- Grundausstattung Haltung
- Schlaf-/Ruhekorb (Kunststoff)
- Transportbox (Kunststoff)
- Korbeinlagen (waschbare Kunstfelle)
- Fressnapf (Edelstahl/Kunststoff/Steingut)
- Wassernapf (Edelstahl/Kunststoff/Steingut)
- Welpengitter
- Halsband
- Leine
- Spielzeug (kaufest)

Grundausstattung und Pflege

- Metallkamm
- Drahtbürste (weich)
- Trimmesser
- 2 Scheren (Haarschneide- und Effilierschere)
- Krallenzange
- Reinigungspuder / Medikamente
- Tierärztliche Behandlungen
- Tierkrankenversicherung (weniger empfehlenswert)

Nur wenn Ihr Hund gut sozialisiert wurde, können sich solche Freundschaften entwickeln.

Jährlich wiederkehrende Kosten

- Hundesteuer
- Hunde-Haftpflichtversicherung (dringend zu empfehlen)
- Impfungen und Wurmkuren
- Ernährung
- Fachmännisches Trimming (4 - 5mal im Jahr)
- Sonstiges (z.B. Ersatz von verschlissener Grundausstattung)

Häufig wird übersehen, dass neben den üblichen „Anschaffungskosten“ noch erhebliche Folgekosten entstehen

Die Wahl des Züchters

Die Auswahl der Zuchtstätte, aus der man einen Westie-Welpen zu erwerben wünscht, und damit die Auswahl des Züchters, ist bei einer Rasse, der das Unglück widerfahren ist, in Mode zu kommen, beinahe ebenso wichtig wie die Auswahl des Welpen selbst.
Zunächst sollte man sich an den Verband für das Deutsche Hundewesen e.V. (VDH), den Dachverband der seriösen Rassehundezuchtvereine in Deutschland, wenden, um hier den die Rasse betreuenden Zuchtverein oder vielleicht schon einige renommierte Züchter genannt zu bekommen und zu erfahren, wann und wo eine Zuchtschau stattfindet, auf der man dann Hunde und Züchter direkt kennenlernen kann. Weiterhin ist es ratsam, den renommierten Klub für Terrier e.V. (KfT) um ein Verzeichnis der West Highland White Terrier Züchter (Züchtertafel) und um die Angabe von Zuchtschauterminen zu bitten, um dort entsprechende Kontakte zu Züchtern aufzunehmen, deren Hunde besonders gefallen. Vielleicht gibt sogar der eine oder andere Zuchtrichter auf Befragen einen Hinweis.

Die Auswahl eines guten Züchters gehört zu den wichtigsten Aufgaben eines verantwortungsbewußten Hundehalters.

Die Wahl des Züchters

Ein seriöser Züchter gibt dem Interessenten Gelegenheit zu einem unverbindlichen Besuch, bei dem dann zumindest die Zuchthündin, gegebenenfalls sogar beide Elterntiere und die Zuchtergebnisse entsprechender Verbindungen vorgestellt werden. Man lernt die Art der Hundehaltung beim Züchter kennen und hat die Möglichkeit, eingehend über die Rasse und ihre Eigenheiten zu fachsimpeln sowie einiges über die Zucht- und Ausstellungserfolge des Zwingers zu erfahren, sofern man sich darüber nicht schon vorher erkundigt hat. Darüber hinaus kann und sollte man beim Züchter Einsicht in alle den Wurf betreffenden Unterlagen nehmen: z.B. die Ahnentafel der Mutter, Ahnentafel oder Ahnentafelkopie des Vaters und, vor der endgültigen Übernahme des Welpen, in das vom betreuenden

Ein seriöser Züchter drängt Sie nicht zum Kauf. Lassen Sie sich Zeit, machen Sie mehrere Besuche beim Züchter. Wenn Sie die Welpen in Ihrer Entwicklung beobachten können, erleichtert dies die Auswahl des Welpen, der zu Ihnen passt, und der Welpe kann sich schon ein wenig an Sie gewöhnen.

Zuchtwart des KfT unterschriebene Wurfprotokoll. Stellt sich dann noch heraus, dass der Züchter vor seiner Zusage die Interessenten und ihre Lebensumstände genau kennenlernen will und es ablehnt, einen Westie-Welpen schon mit acht Wochen abzugeben oder gar zu verschicken, und besteht er darauf, dass der Welpe zwischen der 10. und 12. Woche persönlich abgeholt wird, wobei er bis dahin regelmäßig nach Absprache „besucht" werden darf, so spricht einiges dafür, dass man hier getrost einen Welpen kaufen kann. Im übrigen ist es zweckmäßig, frühzeitig – möglichst schon beim ersten Informationsgespräch – zu erkennen zu geben, ob der Welpe als Haushund oder zu Zucht- und Ausstellungszwecken erworben werden soll.

Ein verantwortungsbewusster Züchter informiert nicht nur bereitwillig über seinen Zwinger, er informiert sich auch gründlich über die Lebensverhältnisse des Welpeninteressenten.

CHECKLISTE „ZÜCHTER“

Können alle Fragen mit „ja“ beantwortet werden?

- Ist der Züchter Mitglied im rassebetreuenden VDH - Verein (Klub für Terrier e.V.)?
- Lehnt es der Züchter ab, ohne den Käufer persönlich zu kennen eine telefonische Verkaufszusage zu geben?
- Besteht der Züchter darauf, vor einer Verkaufszusage die Interessenten persönlich kennenzulernen?
- Erbittet der Züchter vor seiner Zusage von Ihnen umfassende Informationen über Sie, Ihre Familie und Ihre Lebensverhältnisse?
- Zeigt sich der Züchter auf Fragen eines Welpeninteressenten informationsbereit?
- Hält der Züchter seine Hunde im Haus?
- Hat der Züchter nur so viele Hunde, dass jeder einzelne die notwendige Zuwendung erhält – und leben auch ältere Hunde bei ihm?
- Hat der Züchter gleichzeitig nur so viele Welpen, dass die Betreuung und Sozialisierung jedes einzelnen gewährleistet ist?
- Ist am Verhalten der Hunde zu erkennen, dass der Züchter ein enges Verhältnis zu seinen Hunden hat?
- Ist die Umgebung der Hunde hygienisch und sauber; merkt man, dass regelmäßig gereinigt wird?
- Ist die Mutterhündin in einem guten Zustand?

Den richtigen Züchter zu finden ist nicht schwer, wenn einige Grundregeln befolgt werden.

Kann der Züchter folgende Dokumente vorlegen:

- die Zwingerschutzkarte (VDH/KfT)
- das Zwingerbuch
- den Wurfabnahmeschein / das Zuchtwartprotokoll
- eine Ahnentafelkopie (und ein Foto) des Deckrüden
- die ordnungsbehördliche Genehmigung nach § 11 b Tierschutzgesetz

... so spricht einiges dafür, dass der Züchter verantwortungsbewusst und vertrauenswürdig ist.

Sich für den richtigen Welpen zu entscheiden ist bei all den treuherzigen Blicken sehr schwer.

Typisch Westie

Der West Highland White Terrier verdankt seine Beliebtheit nicht nur seinem attraktiven Aussehen, sondern vor allem seinen rassetypischen Eigenschaften:

Aktiv, unerschrocken, mit beträchtlichem Selbstvertrauen ausgestattet und einem Auftreten, das Raubzeugschärfe erkennen lässt, hat dieser robuste kleine Terrier die Wandlung vom schneidigen Jagdhund zum pfiffigen, selbstbewussten Familienhund glänzend geschafft.
Der Westie ist „seinen" Menschen ein fröhlicher, ausdauernder, gelehriger und liebenswerter Begleiter, der indessen nichts unversucht lässt, mit Charme, Raffinesse und Beharrlichkeit seinen Kopf durchzusetzen.
Als selbstbewusster Meutehund ist er ein idealer Spielgefährte für Kinder.
Er ist außerdem sehr wachsam, jedoch kein Kläffer.
Seine Anpassungsfähigkeit an die Gegebenheiten modernen Lebens fiel Rassekennern schon sehr früh auf: So fahren die meisten Westies mit außergewöhnlicher Begeisterung Auto. Gleichwohl weisen viele Schläge noch heute ein hohes Maß an Jagdpassion und Grabefreudigkeit auf.

Wer sich einen West Highland White Terrier Welpen ins Haus holt, hat sich für einen aktiven Freund auf vier Beinen entschieden.

Tipps vom Züchter

Westie Welpen mit üppigem Wollhaar (wooly coat) sehen zwar ganz reizend aus und wirken schon sehr früh wie ein „fertiger" Westie - sie haben jedoch ein grob fehlerhaftes Haarkleid, das zum Verfilzen neigt und dessen Pflege sehr viel Arbeit macht.

Wichtige Körper- und Wesensmerkmale

Wer die Qual der Auswahl eines Welpen hat, sollte nach Möglichkeit den Wurf mit „seinem" Welpen regelmäßig besuchen und beim 8 bis 10 Wochen alten Westie sein Augenmerk besonders auf folgende Punkte richten:

• Ein Westie-Welpe muß in diesem Alter die typischen Verhaltensmerkmale der Rasse ganz ausgeprägt zeigen, das heißt, er muß sich selbstbewußt, frech und fröhlich mit aufgerichteter Rute bewegen und munter mit seinen Wurfgeschwistern spielen; fremden Personen kann er mit aufmerksamer Zurückhaltung begegnen, er muss aber absolutes Vertrauen zur Bezugsperson (zum Züchter) zeigen. Ängstlich quäkende, furchtsame und verschreckte Welpen sind wesensmäßig völlig untypisch und versprechen sich zu verhaltensgestörten Hunden zu entwickeln. In diesem Zusammenhang kann auch die hohe Wahrscheinlichkeit, dass es sich angesichts der Wesensfestigkeit der Rasse im Zweifel um erworbene und nicht um angeborene Wesensmängel handeln dürfte, kein Grund sein, einen solchen Befund auf die leichte Schulter zu nehmen.

Bei der Welpenauswahl gilt es bestimmte Verhaltens- und Körpermerkmale zu beachten.

Die Auswahl des Welpen

• Das Pigment muß stimmen: Nasenspiegel und Augenlider müssen in diesem Alter schwarz sein, sonst gibt es Probleme; die Färbung der straff anliegenden Lefzen sollte wenigstens dunkel-anthrazit sein, während der Gaumen dunkle Pigmentflecke aufweisen muß; die Ballen sollten bereits schwarz sein, sie können indessen noch nachdunkeln, wenn entsprechende Pigmenteinlagerungen erkennbar sind. Krallen, die jetzt noch nicht schwarz sind, werden es in der Regel auch nicht mehr (dies ist aber kein gravierender Mangel).

• Fehlerhafte Proportionen und Winkelungen werden sich niemals ganz auswachsen. Aus der Kombination von kurzem Hals und langem Rücken wird niemals eine wirklich gute obere Linie, steile Schultern und steile Hinterhand werden auch durch die beste Muskelentwicklung nicht zum Verschwinden gebracht.

Westie- Welpen dürfen niemals ängstlich oder aggressiv sein.

Die Auswahl des Welpen

• Aus zu kräftigen Knochen – sie sind relativ selten – können in den folgenden Streckphasen durchaus noch die gewünschten kräftigen Knochen werden, zu leichte Knochen werden es aber im Zweifel nie. Eine fehlerhafte „Chippendale"-Front wird sich in keiner Entwicklungsphase mehr korrigieren, und zierliche Pfoten mit schlecht gepolsterten Ballen bessern sich in aller Regel auch nicht mehr. Ein tiefer Rutenansatz bleibt, eine überzogene Rute normalisiert sich später oft.

• Ein apfelförmiger Oberkopf mit schwachem Vorgesicht, großen runden Augen und fehlerhafter Augenlängsachse wird immer ein standardwidriger Toykopf bleiben, und ein zu langes Vorgesicht dürfte sich eher noch stärker ausprägen als abschwächen. Fast schwarze Augen können sich noch etwas aufhellen, gleiches gilt für helle Augen, die dadurch allerdings noch fehlerhafter werden.

Ob die Ohren schon sicher stehen oder nicht, ist belanglos, sofern sie klein sind und spitz zulaufen; große und runde Ohren werden niemals mehr korrekt. Sind sie darüber hinaus auch noch schwer, so wird unter Umständen selbst das Stehen kritisch. Ein in diesem Alter bestehender leichter Rückbiß kann sich durchaus noch zu einem korrekten Scherengebiß herausbilden, ein Vorbiß hingegen wird sich im Zweifel eher noch verstärken als zu einem korrekten Schluss führen. Ein in diesem Alter bei vielen Westie-Welpen vorhandener Engstand der unteren Fangzähne korrigiert sich – falls er nicht zu ausgeprägt ist – beim Zahnwechsel in den meisten Fällen von selbst. Regelmäßige Kontrolle ist dennoch geboten.

Schon beim Westie-Welpen lässt sich erkennen, ob er als erwachsener Hund den Anforderungen des Rassestandards entspricht.

Die Auswahl des Welpen

Wer mit dem Züchter den Kauf eines Welpen für Zucht und Ausstellung vereinbart hat, sollte davon ausgehen dürfen, dass ihn der Züchter bei der Auswahl des Welpen fachkundig berät, denn es ist ja schließlich auch der Name des Züchters, der mit einem ausgestellten Hund in Verbindung gebracht wird. In diesem Falle kann es jedoch sein, dass man sich, sofern der Züchter genug Platz und vor allem Zeit hat, sich um ein zusätzliches Familienmitglied in einer wichtigen Entwicklungsphase zu kümmern, mit der Übernahme des Welpen bis nach dem Zahnwechsel gedulden muß, denn erst dann lässt sich exakt sagen, ob erlaubter Prämolarverlust vorliegt oder nicht, ob der Gebissschluss korrekt ist oder nicht und ob er mit einiger Wahrscheinlichkeit auch korrekt bleiben wird. Außerdem hat ein erfahrener Züchter bis zum Zahnwechsel genügend Zeit gehabt, die erforderliche Tauglichkeit des Welpen insbesondere für Ausstellungszwecke in jeder Hinsicht zu prüfen.

Die alte Faustregel, dass Merkmale, die direkt nach der Geburt, nach dem siebten Tag, der siebten Woche und nach dem siebten Monat konstant auftreten, auch auf Dauer erhalten bleiben, hat beim West Highland White Terrier tatsächlich einiges für sich, unter anderem wohl auch darum, weil Hunde dieser Rasse sich nach dem letztgenannten Zeitpunkt in ihren wesentlichen Körpermerkmalen nicht mehr gar zu sehr verändern. Dies gilt insbesondere dann, wenn sich der Welpe bis dahin harmonisch und nicht, was keineswegs selten ist, schubartig entwickelt hat.

Im übrigen ist festzustellen: Wenn alle Welpen eines Wurfes einen gesunden, kräftigen Eindruck machen und keine Verhaltensauffälligkeiten zeigen, ist es letztlich Gefühlssache, für wen man sich entscheidet: für den Frechsten, den Aktivsten, den selbstbewusst Zurückhaltenden – oder wer sonst gerade Liebe auf den ersten Hundeblick ausgelöst haben mag. Diese Liebe auf den ersten Blick darf indessen nicht blind machen für die Erkenntnis, dass der Welpe zum künftigen Hundehalter und seinen jeweiligen Lebensumständen passen muss.

Auch wenn Sie sich für einen Westie entschieden haben, weil Ihnen das Wesen dieser Rasse in besonderer Weise zusagt, müssen Sie doch sicherheitshalber noch folgendes bedenken:

Tipps vom Züchter

Kaufen Sie nie aus Mitleid einen Welpen, um ihn aus völlig unzulänglichen Aufzuchtverhältnissen zu befreien. An einem solchen Hund hat meistens nur Ihr Tierarzt Freude.

Die Auswahl des Welpen

In jedem Wurf (einer jeden Rasse!!) ist jeder einzelne Welpe ein kleines Individuum, das im Rahmen des Rassetypischen ganz individuelle Wesensmerkmale und Verhaltensweisen hat: Schon beim Welpen sind deutliche Anzeichen dafür erkennbar, ob es sich um ein dominantes, unabhängiges, liebenswürdig-anpassungsfähiges, unterwürfiges, verspieltes oder ängstliches Individuum handelt. Jeder Welpenkäufer muss bei der Entscheidung für seinen Welpen also sehr sorgfältig darüber nachdenken, ob die jeweilige kleine Hundepersönlichkeit, mit der man in der Regel weit mehr als ein Jahrzehnt zusammenleben wird, zu den familiären und häuslichen Verhältnissen und zum persönlichen Lebensstil und den liebgewordenen Lebensgewohnheiten passt. Ein durchsetzungsstarker Single, der genügend Zeit hat, sich intensiv um seinen Hund zu kümmern, wird sicherlich viel Spaß mit einer dominanten Hundepersönlichkeit haben; für eine Familie mit kleinen Kindern ist ein dominanter Hund meist ein echtes Problem. Hier ist ein ausgeglichener, gehorsamer und spielfreudiger Hund gefragt. Ältere Personen in ruhigen Lebensverhältnissen sind mit einem leicht erziehbaren, nicht dominanten Hund, der viel Aufmerksamkeit und Zuwendung erwartet, bestens bedient. Ehepaare, von denen ein Partner stets zu Hause ist, oder Bessergestellte, die über Hauspersonal verfügen, können sich jeden Hund leisten, der wesensmäßig zu der häuslichen Bezugsperson passt.

In den USA sind inzwischen einige hilfreiche Verhaltenstests für Welpen entwickelt und erprobt worden, die das Magazin 'Puppies Quarterly' vorgestellt hat.

Diese Tests können ohne großen Aufwand beim Züchter gemacht werden, bevor man sich für "seinen" Welpen entschieden hat. Dies sind natürlich nur Beispiele – je nach Charakter können Welpen auch andere Reaktionen zeigen, die individuell zu interpretieren sind.

CHECKLISTE „WELPE"

- **Ist der Welpe wohlgenährt und kräftig?**

- **Verhält sich der Welpe**
  - unauffällig
  - zurückhaltend
  - verspielt
  - aggressiv
  - selbstbewusst
  - freundlich
  - dominant
  - ängstlich

- **Hat der Welpe**
  - kurzes, festes Haar
  - fülliges, weiches, wolliges Haar (besonders pflegeintensiv, nicht standardgerecht)

- **Hat der Welpe**
  - korrekte Körperproportionen und Winkelungen?
  - gerade Läufe und kräftige Knochen?
  - ein hinreichend kräftiges Pigment?
  - die richtigen Schädelproportionen und keinen Apfel- oder Toykopf?
  - eine korrekte Rute (keine Stummel- oder Knickrute)
  - einen korrekten Gebissschluss (keinen Vor-, Rück- oder Kreuzbiss?)

In diesem Zusammenhang sei nochmals darauf hingewiesen, dass ein Westie-Welpe niemals ängstlich oder aggressiv sein sollte. Selbst wenn sehr viel dafür spricht, dass es sich nicht um ererbte, sondern um erworbene Verhaltensauffälligkeiten des Welpen handelt: Lassen Sie die Finger von einem solchen Welpen – wie niedlich er auch sonst sein mag!

Im übrigen wird ein erfahrener und verantwortungsbewusster Züchter auf Grund seiner fundierten Kenntnis des Wesens und des Verhaltens eines jeden Welpen in der Lage sein, einem Welpeninteressenten zu sagen, welcher Welpe zu ihm passt. Im Zweifel ist es ohnehin am besten, wenn der Züchter die beschriebenen Tests durchführt, um sich ein sicheres, von Zufallseinflüssen freies Bild von den Temperamentseigenschaften seiner Welpen zu machen und nach einem Gespräch mit den Interessenten über deren Einstellungen und Lebensverhältnisse eine entsprechende Empfehlung zu geben.

Der VDH empfiehlt „Augen auf beim Welpenkauf" – denn mit dem Kauf eines Welpen gehen Sie eine langjährige Beziehung ein, für deren Gelingen Sie die Verantwortung tragen

Wesenstest

TEST 1

Beobachten Sie den Welpen beim Spielen

1. Er springt auf andere Welpen und beißt sie: *dominant*
2. Er wirft sich auf den Rücken, wenn er angesprungen wird: *unterwürfig*
3. Er weicht vor dem anspringenden Welpen nicht zurück, sondern knurrt und springt seinerseits den Angreifer an: *sehr dominant*
4. Er nimmt nicht allzu häufig an diesen Spielen teil, sondern beobachtet sie in unmittelbarer Nähe: *unabhängig*
5. Er versteckt sich in einer Ecke: *furchtsam*

TEST 2

Spielen Sie mit "Ihrem" Welpen allein in einiger Entfernung von den übrigen Welpen. Berühren Sie beim Spielen vorsichtig Ohren, Pfoten, Rute, Bauch und Fang des Welpen

1. Er beißt Sie, wenn Sie einen bestimmten Körperteil berühren: *dominant-aggressiv*
2. Er springt auf Sie zu und schnappt spielerisch nach Ihren Fingern: *dominant-verspielt*
3. Er weicht aus und geht auf Erkundungstour: *unabhängig*
4. Er läßt zu, dass Sie ihn überall berühren: *freundlich-unterwürfig*
5. Er schreit und weicht aus: *furchtsam*

TEST 3

Lassen Sie in der Nähe des Welpen einen Gegenstand fallen

1. Er bellt und stürzt sich auf das Objekt: *dominant*
2. Er bellt, verharrt an seinem Platz und fixiert die Lärmquelle: *wachsam, aber nicht aggressiv*
3. Er schaut sich das Lärmobjekt an und fährt fort zu spielen: *aufgeweckt und furchtlos*
4. Er erschrickt, läuft eine kurze Strecke davon, kehrt aber zurück und beginnt innerhalb einer Minute, wieder zu spielen: *etwas – aber keineswegs übermäßig – furchtsam*
5. Er läuft weg und versteckt sich: *furchtsam*

TEST 4

Legen Sie ein Spielzeug neben den Welpen

1. Er stürzt sich auf das Spielzeug und schleppt es von Ihnen weg: *besitzergreifend, möglicherweise dominant*
2. Er geht auf das Spielzeug zu und spielt mit ihm an Ort und Stelle: *unabhängig*
3. Er spielt mit dem Spielzeug und schleppt es herum: *verspielt*
4. Er bringt Ihnen das Spielzeug, damit Sie mit ihm (dem Welpen) spielen: *anhänglich und verspielt*
5. Er läuft weg und versteckt sich: *ängstlich/furchtsam*

Die Auswahl des Welpen

TEST 5

Werfen Sie das Spielzeug:

1. **Er läuft dem Spielzeug nach und schleppt es noch weiter weg:** *besitzergreifend*
2. **Er läuft dem Spielzeug nach und spielt am „Landeplatz“ mit ihm:** *unabhängig*
3. **Er läuft dem Spielzeug nach, bringt es zu Ihnen und lässt es neben Ihnen fallen:** *verspielt und zutraulich*
4. **Er bringt das Spielzeug zurück, um mit Ihnen „Tauziehen“ zu spielen:** *verspielt*
5. **Er ignoriert das Spielzeug oder nähert sich ihm nur vorsichtig:** *ängstlich*

TEST 6

Rollen Sie den Welpen sanft auf den Rücken und halten Sie ihn so für 10 Sekunden fest:

1. **Er versucht, frei zu kommen und beisst nach Ihnen, bis Sie ihn loslassen:** *dominant*
2. **Er versucht einen Moment, frei zu kommen, und entspannt sich dann:** *verspielt und zugänglich*
3. **Er entspannt sich sofort:** *unterwürfig*
4. **Er quietscht und versucht, frei zu kommen, beisst vielleicht nach Ihnen, fügt sich aber schließlich:** *ängstlich*

TEST 7

Gehen Sie rückwärts, klatschen Sie in die Hände und sprechen Sie mit hoher, lockender Stimme auf den Welpen ein. Wenn Sie etwa sechs Meter entfernt sind, gehen Sie in die Hocke:

1. **Er kommt mit nach vorn gestellten Ohren zu Ihnen und attackiert Ihre Füße:** *dominant*
2. **Er kommt zu Ihnen und geht dann wieder in die andere Richtung:** *unabhängig*
3. **Er kommt zu Ihnen und springt an Ihnen hoch:** *verspielt*
4. **Er kommt zu Ihnen und schaut Sie an:** *leicht auszubilden*
5. **Er beobachtet Sie aus einer entfernten Ecke, oder er kommt auf dem Bauch angekrochen, legt sich vor Ihnen auf den Boden und winselt vielleicht sogar:** *ängstlich*

Wesenstests (nach „Puppies Quarterly“)

Entwicklungsphasen und Verhalte

Die Zuchtordnung des VDH verbietet aus guten Gründen die Abgabe eines Welpen vor der vollendeten achten Lebenswoche. Um den Sinn dieser Bestimmung voll verstehen zu können, ist es erforderlich, sich mit dem aktuellen Stand der ethologischen Erkenntnis (Ethologie = Verhaltensforschung) über die Verhaltensentwicklung des Hundes im Welpen- und Junghundalter vertraut zu machen.
Im Welpen- und Junghundalter durchläuft unser Westie nämlich mehrere Entwicklungsphasen, deren Kenntnis seiner artgerechten Aufzucht, Haltung und Erziehung außerordentlich förderlich ist.
Nach Petri ist ein „...erwachsener Hund das Ergebnis des Zusammenwirkens von angeborenen, also ererbten Anlagen und der auf diese Veranlagung einwirkenden Umwelteinflüsse während der Jugendentwicklung." Das heißt praktisch: Die beste Ahnentafel ist nichts wert, wenn ein Hund seine Jugendentwicklung unter ungünstigen Bedingungen erlebt; selbstverständlich kann umgekehrt eine schlechte Veranlagung auch nicht durch beste Lebensbedingungen kompensiert werden.

Die Zucht macht den Welpen, die Aufzucht den Hund

- Jeder Erwerber eines Weißen Hochländers sollte deshalb wissen, worauf er in welcher Entwicklungsphase des Welpen beim Züchter zu achten hat, - nicht zuletzt, um zu verstehen, warum seriöse Züchter in welcher Entwicklungsphase der Welpen was tun.

- Jedem Halter, insbesondere, wenn er es mit der Erziehung und Ausbildung seines West Highland White Terriers ernst meint, sollte bekannt sein, wo und wie er in welcher Entwicklungsphase mit seinen Bemühungen anzusetzen hat, und ...

- jeder potentielle Züchter sollte ermessen können, welche Verantwortung er bei der Aufzucht eines Wurfes auf sich nimmt und welche Aufgaben er in welcher Entwicklungsphase der Welpen zu erfüllen hat.

Das Welpen- und Junghundalter kann nach E. Trumler in folgende Entwicklungsphasen unterteilt werden:

1. und 2. Woche (Vegetative Phase)

In der vegetativen Phase besteht der wesentliche Lebensinhalt eines Welpen aus Trinken und Schlafen. Der Geruchssinn ist noch nicht vollkommen ausgebildet, die Augen sind noch geschlossen, die Ohren aufgrund der geschlossenen Gehörgänge noch nicht in Funktion, so dass sich der Welpe vornehmlich mit seinem Wärmeempfinden und seinem Tastsinn orientiert. Ein kräftiger Welpe muß seinen verhältnismäßig großen und schweren Kopf einwandfrei hochheben und so zum Gesäuge der Hündin vorstoßen können. Ein kräftiges Abstemmen mit den Hinterläufen und ein mit beiden Vorderpfoten im Wechsel ausgeführter Milchtritt beim Saugen, lang anhaltende Lautäußerungen und kreisförmig zur Nahrungsquelle zurückführende zügige Kriechbewegungen sowie das Kontaktliegen mit Wurfgeschwistern gehören zu den beobachtbaren Aktivitäten in dieser Phase.

3. Woche (Übergangsphase)

Zu Beginn der Übergangsphase beim Westie, in der Regel vom 15. Lebenstag an, öffnen sich die Augen und die äußeren Gehörgänge, wobei Sehfähigkeit und Gehör sich um den 18. Lebenstag erst richtig ausbilden; gleiches gilt für den Geruchssinn. Mit ihren nunmehr funktionsfähigen Sinnesorganen beginnen die Welpen, zu ihren Geschwistern intensiv Kontakt aufzunehmen und ihre Umwelt zu erkunden. In diesem Stadium der Übergangsphase muss auch die Kontaktaufnahme zwischen Mensch und Welpe beginnen.

Mit geöffneten Augen und bereits funktionierendem Geruchsinn beginnt der Welpe in der Übergangsphase, vorsichtig seine Umgebung zu erkunden.

Der Welpe erkundet nämlich jetzt auch „seine" Menschen; er nimmt durch das Saugen an den Fingern Kontakt auf, reagiert im Reflex auf ein sanftes Kitzeln der Mundwinkel mit einem herzhaften Gähnen und vollführt, an die menschliche Wange gehalten, bei entsprechender Vertrautheit sogar den „Mundwinkelstoß", den er bei der Mutterhündin zu praktizieren pflegt. Um sicherzustellen, dass der Welpe später als erwachsener Hund durch akustische Einflüsse nicht zu beeindrucken ist, empfiehlt es sich dringend, bereits am Ende der Übergangsphase zeitweilig und regelmäßig für eine gewisse Geräuschkulisse zu sorgen. Dies kann, neben der direkten Ansprache, durch normale Haushaltsgeräusche oder auch durch Radiobeschallung geschehen.

4. bis 7. Woche (Prägungsphase)

In der Prägungsphase erfolgen die entscheidenden Weichenstellungen für die Entwicklung des Welpen zu einem aufgeschlossenen, lernfähigen und verhaltenssicheren Hund.
Mit seinen voll entwickelten Sinnesorganen erkundet der Welpe nun seine Umwelt. Er verläßt das Wurflager zu selbständigen kleinen Ausflügen und verfolgt mit gespannter Aufmerksamkeit alle Bewegungen in seiner Umgebung, die er auch mit Hilfe der sich rasch entwickelnden Zähne untersucht. Neugier und Lerntrieb werden vom Welpen voll ausgelebt; seine Reaktionen auf die Umwelterfahrungen äußert er bereits durch Schwanzwedeln, Sträuben des Fells, Anlegen der Ohren oder Knurren.
In dieser Phase begangene Aufzuchtfehler, zu denen vor allem lernhemmende Unterlassungssünden bestimmter Vermehrer gehören, die ihre West Highland Würfe in mehr oder weniger sterilen Zwingern ohne jeden Sozialkontakt aufziehen, sind definitiv nicht mehr gut zu machen. Was in dieser Entwicklungsperiode nicht gelernt wurde, kann nicht mehr nachgeholt werden – es ist verhaltenswirksam geworden.
Der Welpe muss in der Prägungsphase also auf seine Artgenossen und auf den Menschen geprägt werden. Die Prägung des Welpen auf seine Artgenossen erfolgt durch die Entwicklung in der Rudelgemeinschaft mit der Mutter, den Wurfgeschwistern, und, wenn irgend möglich, durch weitere Artgenossen, wobei insbesondere dem Rüden für das Lehren und Lernen des Sozialverhaltens unter Artgenossen eine hervorragende Bedeutung zukommt.
Für die Vorbereitung auf das Leben in einer menschlichen Rudelgemeinschaft ist es unerläßlich, dass durch tägliche, liebevolle und intensive Kontaktpflege durch den Züchter und nach Möglichkeit auch seiner Familienangehörigen das Vertrauen des Welpen zum Menschen aufgebaut wird, damit aus ihm ein selbstbewusster, kontaktfreudiger und unerschrockener Hund werden kann. Wer als Welpenkäufer zu dieser Zeit die Gelegenheit wahrnimmt, bei einem Züchterbesuch

Entwicklungsphasen

seinen Westie auszusuchen, wird unschwer erkennen können, ob die Welpen den nötigen Handkontakt mit ihrem Züchter hatten oder nicht. Im positiven Falle werden die Welpen frech und fröhlich auf den Züchter zustürzen, seine Hände beschnuppern und beknabbern, sich freudig streicheln lassen und, an die Wange genommen, sich ankuscheln und unter Umständen sogar Mundwinkel, Nase und Ohr inspizieren.
Hat es einem Welpen bis zur achten Lebenswoche an dem notwendigen menschlichen Kontakt gefehlt, so wird aus ihm mit an Sicherheit grenzender Wahrscheinlichkeit ein Hund werden, der zeitlebens eine gewisse Menschenscheu nicht ablegt.

In der Sozialisationsphase gehen die Welpen gemeinsam auf Entdeckungen aus und beginnen, erste Positionskämpfe auszufechten.

In dieser Phase muss der Welpe gleichermaßen auf Artgenossen und Menschen geprägt werden, um ein verhaltenssicherer Hund zu werden.

Gleichermaßen ist wichtig, dass der Westie-Welpe während dieser entscheidenden Entwicklungsphase nicht aus seinem „Welpenrudel" entfernt wird, weil dies eine mangelnde Prägung auf andere Hunde und damit ein mit hoher Wahrscheinlichkeit gestörtes Sozialverhalten des erwachsenen Hundes gegenüber seinen Artgenossen bewirken würde.
Überdies wird ein verantwortungsbewusster Züchter die volle Prägungsphase nutzen, um Unterschiede in der Veranlagung seiner Welpen erkennen zu können – und damit in der Lage zu sein, für die unterschiedlichen Hundecharaktere die richtigen „guten Hände" zu finden und gegebenenfalls Ratschläge über einen möglichen Einsatz als Gebrauchshund zu geben.

8. bis 12. Woche (Sozialisierungsphase)

In der Sozialisierungsphase werden von den Welpen im Rudel schon deutlich gemeinschaftsbildende Verhaltensweisen eingeübt. Das bedingt aber, dass gleichzeitig die Sozialisierung des Hundes mit dem Menschen ausgebaut werden muss, damit die soziale Bindung an die Artgenossen nicht stärker wird als die zum Menschen. Praktisch bedeutet dies: Die Westie-Welpen gehen mit der Gruppe, in der sie sich noch geborgen fühlen, gemeinsam auf Entdeckungen aus, sie scheinen sich darüber zu verständigen, ob sie in einer Situation mutig verharren oder davonlaufen sollen, sie unterstützen sich wechselseitig, - fechten aber in immer häufigeren „Kampfspielen" die ersten Positionskämpfe aus.
Aus diesen Welpenspielen heraus sollte der Mensch spielerisch seine Erziehungsmaßnahmen entwickeln, um so die Grundlage für eine funktionierende Mensch-Hund-Meute zu legen. Der Welpe lernt, sich an die Leine zu gewöhnen, auf Zuruf zu kommen – was sich für ihn immer „lohnen" sollte – und nicht zuletzt auch, was konsequente erzieherische Maßnahmen sind. Ein Welpe muß sowohl im Hunderudel als auch in der Mensch-Hund-Meute lernen, Autorität zu respektieren, denn antiautoritär „erzogene" Hunde werden in der Regel unerträglich.
Die Erziehung muss jedoch spielerisch erfolgen; es darf keinesfalls „dressiert" werden, - zumal kaum eine Rasse für rigide Dressurakte ungeeigneter sein dürfte als ein West Highland White Terrier. Dies würde seine Persönlichkeit zerstören.
Zwischen der 10. und der 12. Woche ist üblicherweise zu beobachten, dass jeder Welpe für sich die Nähe „seiner" Menschen sucht. Dies ist der ideale Zeitpunkt zur Abgabe des Welpen an seine neuen Bezugspersonen, an sein neues Zuhause. In diesem Zusammenhang sei jedoch angemerkt, dass bei sachkundiger Aufzucht und Haltung durch einen erfahrenen Züchter die Abgabe auch bis zum Ende der Rudelordnungsphase unproblematisch ist.

13. bis 16. Woche (Rangordnungsphase)

In der Rangordnungsphase kommt den erzieherischen Einflüssen eine besondere Bedeutung zu. Auch in der Mensch-Hund-Meute gibt es Rangordnungs„kämpfe“, in denen die Stellung des Hundes im Familienrudel klar und konsequent abgesteckt werden muss, damit sich gegen Ende dieser Phase die Rangordnung stabilisiert hat. TRUMLER empfiehlt, bei der Erziehung in dieser Phase, die wesentlich darüber entscheidet, ob man einen gesitteten Hund haben wird oder nicht, das nachzuahmen, was der Vater-Rüde macht. Dieser schult den Welpen durch geeignete Jagd- und Beutespiele zu einem brauchbaren Jagdgehilfen. Entsprechend kann der Hund jetzt durch spielerisch und abwechslungsreich gestaltete Unterordnungs- und Gehorsamsübungen kann der Hund jetzt zu einem Partner erzogen werden, dem es Freude macht, den Wünschen seines Erziehers zu folgen. Damit können in dieser Entwicklungsphase die formbaren Wesenseigenschaften des Weißen Hochländers zu einem beträchtlichen Teil auf Dauer positiv festgelegt werden.

5. bis 6. Monat (Rudelordnungsphase)

In der Rudelordnungsphase ist der Junghund besonders leicht erziehbar und unterordnungsbereit. Er sollte jetzt die ersten Vorstufen der Ausbildung erhalten, die seinem geplanten Ausbildungsziel dient.
Sollte dergleichen nicht geplant sein, und beim Westie ist dies leider die Regel, so ist es in dieser Phase dringend geboten, dem Hund irgendetwas anderes beizubringen, - und wenn es denn „Kunststückchen“ wären. Wer diese Phase ausgeprägter Lernbereitschaft des Hundes untätig verstreichen lässt, hat hier – nach der Prägungsphase – die zweite große Möglichkeit genutzt, einen intelligenten und lernwilligen Hund verblöden zu lassen.

7. bis 12. Monat (Pubertätsphase)

In der Pubertätsphase, deren Länge individuell höchst unterschiedlich ist, kann der Junghund noch einmal für in der Regel knapp zwei Monate zu einem „halbstarken Rowdy“ werden, der nur mit Einfühlsamkeit und Konsequenz einigermaßen zur Raison zu bringen ist. Der Verlauf dieser Phase lässt aber auch gewisse Rückschlüsse darauf zu, wie gekonnt die menschliche Einflussnahme in den vorausgegangenen Entwicklungsperioden war.

Westie Welpen sind ausgesprochen selbstbewusste kleine Hundepersönlichkeiten. Sie müssen von Anfang an liebevoll und äußerst konsequent erzogen werden - sonst erziehen sie ihren Halter.

Die Übernahme des Welpen

Zwar ist es den Züchtern nach den Bestimmungen der Zuchtordnung des KfT (Klub für Terrier) gestattet, einen Westie-Welpen mit vollendeten acht Wochen abzugeben, doch liegt das ideale Übergabealter eines Welpen zwischen der zehnten und der zwölften Lebenswoche. Die letzte Entwicklungsphase eines Welpen, die Sozialisierungsphase, in der sein Verhalten als Hund auch gegenüber anderen Hunden entscheidend geprägt wird, liegt nämlich zwischen der achten und der zwölften Lebenswoche. Je nach Entwicklungsfortschritt, der maßgeblich auch dadurch bestimmt wird, ob sich neben der Hündin auch ein Rüde um die Erziehung der Welpen kümmert, kann der Westie-Welpe demnach als wesensmäßig gefestigter, verhaltenssicherer kleiner Hund von der zehnten Woche an in sein neues Zuhause entlassen werden. Es sollte sich von selbst verstehen, dass der Züchter den neuen Eigentümern seines Zuchtproduktes auch in Zukunft mit Rat und Tat zur Seite steht, insbesondere dann, wenn es sich um Ersterwerber handelt.

Über etwaige zum Zeitpunkt der Abgabe des Welpen bestehende zuchtausschließende Fehler muss der Züchter den Käufer vor Abschluss des Kaufvertrages informieren. Der Käufer sollte sich spätestens bei dieser Gelegenheit vom Züchter das Zuchtwartprotokoll für diesen Wurf vorlegen lassen. Ob ein Kaufvertrag für einen Welpen mündlich oder schriftlich geschlossen wird, ist für seine Gültigkeit belanglos.

Ab der 10. Woche können Sie Ihren Westie-Welpen mit nach Hause nehmen.

Die Übernahme des Welpen

Durch vorausschauende Planung und liebevolle Zuwendung kann sichergestellt werden, dass die erste Nacht im neuen Zuhause ohne Probleme verläuft.

Tipps vom Züchter

Welpenkäufer sollten sich grundsätzlich die Ahnentafeln der Elterntiere des Welpen und den Zuchtbericht/das Wurfprotokoll des betreffenden Wurfes vorlegen lassen.
So erhalten Sie in überprüfbarer Form alle wichtigen Informationen über den Welpen der Sie interessiert. Seriöse Züchter bieten diese Informationen von sich aus an.

Wenn die neuen Eigentümer nicht schon bei früheren Besuchen einen Futter- und Pflegeplan sowie umfassende Instruktionen für das Einleben des Welpen in der neuen Umgebung erhalten haben, so sind diese spätestens jetzt fällig. Bei der Übergabe des Welpen, der bei guter Gesundheit und vorschriftsmäßig geimpft und entwurmt sein muss, sind den neuen Eigentümern auch die vom Zuchtbuchamt des KfT ausgestellte Ahnentafel und der Impfpass auszuhändigen. Liegt die zum Hund gehörende Ahnentafel dem Züchter zum Zeitpunkt der Abgabe des Welpen noch nicht vor, so wird er sie unverzüglich nachliefern. Mit Ahnentafeln des KfT ausgestattete Welpen werden tätowiert. Der Welpe trägt die Tätowiernummer (die der Zuchtbuchnummer auf der Ahnentafel entspricht) als Identitätsnachweis im rechten Ohr. Die Tätowiernummer ist, zusammen mit den übrigen Daten des Welpen, auch noch im Impfpass niedergelegt, der zumindest die Bescheinigung über die folgenden Erstimpfungen enthalten muß: Staupe, Hepatitis, Leptospirose und Parvovirose.

Die körperliche Übernahme des Welpen sollte schließlich so vonstatten gehen, dass sich ein Familienmitglied auf der Fahrt zum endgültigen Zuhause des vierbeinigen Familienzuwachses intensiv um den kleinen Westie kümmert -, am besten die Person, die auch später während des Tages seine Hauptbezugsperson sein wird. Außerdem sollte man zu einer Tageszeit in der neuen Umgebung eintreffen, die es dem Welpen erlaubt, sich erst einmal von den Anstrengungen der Übersiedlung zu erholen, um dann die neue Umwelt neugierig und selbstbewusst zu erforschen und in Besitz zu nehmen. Als absoluter Mittelpunkt des Interesses wird ein kleiner Westie sehr schnell sein Dasein genießen und die erste Nacht erschöpft und zufrieden schlafend in seinem Körbchen verbringen. Sollte er wider Erwarten unruhig sein und seinem alten Rudel nachtrauern, so kann man sein Körbchen neben das Bett stellen und dem Welpen durch gelegentliches Streicheln zu erkennen geben, dass er keinen Anlass hat, sich allein zu fühlen. Schon bald wird er sich so verhalten, als habe er nirgendwo anders gelebt.

Aufzucht, Ernährung, Pflege und Er

Wer einen zehn bis zwölf Wochen alten Westie-Welpen in sein Haus geholt hat, tut zunächst einmal gut daran, die Ratschläge des Züchters zu beachten, damit sich die Veränderungen, denen der Welpe kurzfristig ausgesetzt ist, sich in Grenzen halten.
Selbstverständlich ist es keineswegs schädlich, sich über die grundlegenden Fragen der Hundehaltung sachkundig zu machen, um auf diesem, gelegentlich in unverantwortlicher Weise theoretisch überhöhten, Gebiet zu einem eigenen Urteil zu gelangen. Verständliche Sachbücher über Hundehaltung im allgemeinen mit fundierten Ausführungen über Aufzucht, Erziehung und Pflege sind dabei äußerst hilfreich.

Die Ausführungen zu Aufzucht, Pflege und Erziehung von West Highland White Terrier – Welpen können sich deshalb, neben einigen grundlegenden Feststellungen, ganz auf rassespezifische Fragestellungen konzentrieren, um folgenschwere Fehler bei der Haltung eines Weißen Hochländers zu vermeiden. Der Satz „Die Zucht macht den Welpen, die Aufzucht den Hund“ ist nämlich zumindest insofern uneingeschränkt richtig, als auch ein in Konstitution und Wesen hervorragender Westie-Welpe durch schwerwiegende Aufzucht-, Pflege- und Erziehungsfehler noch gründlich ruiniert werden kann.

Auch der beste Welpe kann durch schwerwiegende Aufzucht-, Pflege- und Erziehungsfehler noch gründlich verdorben werden

Aufzuchtbedingungen und Aufzuchtfehler

Bei der Aufzucht eines jungen West Highland White Terriers sollten zunächst folgende allgemeingültige Grundsätze beachtet werden:

• Der Welpe braucht eine ausreichend große, möglichst mit einer Decke gut ausgelegte und zugfrei aufgestellte Behausung, die ihm als Schlaf- und Ruheplatz dient. Offene oder geschlossene Körbchen aus stabilem Kunststoff sind dabei solchen aus Holz oder Weidengeflecht vorzuziehen, da sie besser zu reinigen sind und letztere recht schnell dem Kau- und Nageeifer eines aktiven Welpen zum Opfer fallen, wenn kein geeignetes Kauspielzeug verfügbar ist.

• Welpen haben ein ausgeprägtes Schlafbedürfnis. Dem ist insbesondere nach größeren Erkundungsgängen, die bei Welpen jedoch noch nicht zu Gewaltmärschen ausarten dürfen, und nach den Mahlzeiten (mit den danach zu verrichtenden größeren oder kleineren „Geschäften") sorgfältig Rechnung zu tragen.

• Ein Welpe muß regelmäßig gefüttert werden. Es ist wichtig, bestimmte Futterzeiten konsequent einzuhalten; frisches Trinkwasser muß stets vorhanden sein.

• Welpen haben einen natürlichen Erkundungsdrang. Es wäre unklug, diese Neigung – gerade bei einem so selbstbewussten und intelligenten Hund wie dem Westie – im eigenen Haus und Garten nicht zu unterstützen oder sie gar einzuschränken. Schließlich muß ein Hund das Territorium, in dem er sich wohlfühlen und das er bewachen soll, auch gründlich kennenlernen.

• Junge Hunde sind im Gebäude noch sehr lose, deshalb können durch Aufzuchtfehler insbesondere Bänder und Muskeln geschädigt und unter extremen Bedingungen sogar die Knochen deformiert werden. Dies gilt generell vor allem für das Hochnehmen jungen Hunde: Sie dürfen niemals an den Vorderläufen hochgezogen oder gar unter den Ellenbogen hochgestemmt werden. Richtig ist hingegen, mit einer Hand unter das Hinterteil des Welpen zu greifen, möglichst ohne dabei die Rute einzuklemmen, und die andere Hand unter den vorderen Teil des Brustkorbs zu legen, wobei man noch mit Daumen und kleinem Finger die Vorderläufe des Hundes umfassen kann.
Wie bei allen niederläufigen Hunden ist es auch beim West Highland White Terrier im Blick auf Knochen-, Muskel- und Bänderschäden ein unter Umständen folgenschwerer Aufzuchtfehler, einen sehr jungen Hund regelmäßig Treppen steigen oder niedrige Brüstungen erklimmen zu lassen. Krumme Rücken und fehlerhafte Fronten mit ausgedrehten Ellenbogen, nicht am Brustkorb anliegende Oberarmknochen und lose Schultern können Folgen dieses Fehlers sein.

• Auch das Gebiss, das Haar und die Ohren des Weißen Hochländers können durch Aufzuchtfehler geschädigt werden. Während des Umzahnens, also in der Phase des Wechsels vom Welpengebiss zu den bleibenden Zähnen, sollte man auf keinen Fall in der Weise mit dem jungen Westie spielen, daß man ihn an Tüchern oder Ähnlichem zerren lässt oder ihn hinter sich herzieht. Veränderungen der Zahnstellung, insbesondere bei den Schneidezähnen, oder gar des Unterkiefers, der ja nur ein sogenannter Deckknochen ist, können die Folge sein, denn die Kraft, die ein junger Westie beim Sich-Entgegenstemmen entwickelt, und ihre Auswirkung auf noch nicht gefestigte Zähne und Knochen werden häufig unterschätzt.

Sie sollten Ihrem jungen West Highland White Terrier noch keine mehrstündigen Sparziergänge zumuten – zumindest solange das Gebäude noch nicht gefestigt ist.

Mancher Zangen- und mancher knappe Scherenschluss sind auf diese Weise schon zum Vorbiss geworden. Kauknochen aus Büffelhaut oder beispielsweise Rinderkauhufe sind während des Umzahnens ideal; das intensive Benagen dieser Gegenstände hilft, die Zähne des Milchgebisses zu lockern, das Zahnfleich zu massieren und den Kiefer zu festigen.

• Während des Zahnwechsels kommt es gelegentlich vor, dass bereits stehende Ohren wieder kippen. Neben einer besonders mineralstoffreichen Ernährung in dieser Phase ist darauf zu achten, dass die Ohren so schnell wie möglich, spätestens mit Beendigung des Umzahnens, wieder zum Stehen kommen. Geschieht dies vor allem bei relativ großen Ohren nicht, so sollten die Ohren zumindest regelmäßig massiert werden. Wenn dieser Fall wirklich eintritt, ist es empfehlenswert, sich mit dem Züchter des Hundes in Verbindung zu setzen, um gegebenenfalls weitere Tipps zu erhalten.

• Hässliche Haarverfärbungen, die vor allem an den Pfoten durch intensives Belecken hervorgerufen werden, wenn besonders aggressiver Speichel auf eine bestimmte Haarstruktur trifft. Diese sind nur vermeidbar, wenn man – sofern keine medizinischen Ursachen vorliegen oder harte Verfilzungen oder Fremdkörper zwischen den Ballen die empfindliche Haut reizen – die Unart des Pfotenlecken durch ein scharfes „Pfui" oder „Aus" unterbindet. Außerdem muss dem Welpen genügend Ablenkung geboten werden, damit er solchermaßen ausgelastet gar nicht erst auf dumme Gedanken kommt.

• Zur artgerechten Aufzucht eines Weißen Hochländers gehört auch die Sicherung der notwendigen Bewegung. Ohne sie kann sich die Muskulatur, insbesondere die der Hinterhand, nicht so kräftig entwickeln, wie es – nicht nur bei dieser Rasse – aus guten Gründen erwünscht ist.

Während des Umzahnens ist regelmäßige Gebisskontrolle wichtig. Unter Umständen muss der Tierarzt die Fangzähne des Welpengebisses entfernen.

Pflegehinweise

Die regelmäßige und sorgfältige Pflege seines jungen West Highland White Terriers dient nicht nur seiner Gesundheit, sondern bestimmt auch sein typisches Erscheinungsbild.
Wie schon an anderer Stelle gesagt, muss der Westie getrimmt werden – und zwar je nach Haarqualität und Haarwuchs alle zwei bis drei Monate. Dies wird nur in seltenen Fällen in Hundesalons wirklich fachgerecht gemacht; ein guter Züchter wird deshalb das Trimmen "seiner" Welpen selbst übernehmen oder wenigstens gute Empfehlungen aussprechen. Im Idealfall hat er das Welpenhaar vor der Abgabe des Hundes ohnehin schon einmal ausgezupft. In jedem Fall ist es äußerst hilfreich, wenn der Welpe beim täglichen Bürsten und Kämmen und bei jeder anderen Pflegemaßnahme auf einen Tisch mit rutschfester Unterlage gestellt wird, damit diese Prozedur für ihn zur Selbstverständlichkeit wird.
Unabhängig vom Trimmen muss das Fell eines Westies je nach Haardichte und -zustand möglichst täglich durchgebürstet und durchgekämmt werden.
Leider gibt es einige häufige Pflegefehler, die zwar vornehmlich das typische Aussehen des West Highland White Terriers berühren, in krasser Form aber auch seine Gesundheit beeinträchtigen können; sie betreffen Pfoten, Fell und Ohren.
Wenn sich die Krallen eines Westies nicht auf natürlichem Wege abschleifen, was unter den heutigen Lebensumständen und aufgrund des eher geringen Körpergewichts des Hundes fast immer geschieht, dann müssen sie durch regelmäßiges Schneiden mit einer Krallenzange kurz gehalten werden. Überlange Krallen und Spreizpfoten sind keineswegs nur Schönheitsfehler, sie verändern nicht selten die Pfotenstellung (die Pfote dreht nach außen) und beeinträchtigen schließlich das Gangwerk insgesamt. Zu Verfilzungen zwischen den Ballen, die wie Fremdkörper wirken und in die sich zudem leicht Schmutz und kleine Steine setzen, kommt es, wenn die Haare zwischen den Ballen nicht kurz gehalten werden. Warnzeichen in dieser Richtung sind ständiges Lecken und Nagen an den Pfoten.

Beim Krallenschneiden ist im übrigen besonders bei gut pigmentierten Nägeln darauf zu achten, dass die Ader in der Kralle nicht verletzt wird.
Wird das Fell eines doppelhaarigen Hundes nicht regelmäßig gepflegt und zwar zunächst mit der Bürste und dann mit einem Kamm gründlich auch an weniger zugänglichen Körperteilen, kommt es im günstigsten Fall „nur“ zu Verfilzungen und Verknotungen, deren Beseitigung für den Hund höchst schmerzhaft ist. Längere Zeit bestehende Verfilzungen der Unterwolle begünstigen Ekzembildung, Pilz- und Parasitenbefall.
Übergroße Reinlichkeit ist ebenso falsch: Häufiges Baden schadet nicht nur der Haarstruktur, denn das harte Deckhaar wird weich und offen und verliert, sofern kein rückfettendes Hundeshampoo verwendet wird, seine Fähigkeit, Schmutz abzuweisen, es schadet auch der Haut, denn deren natürlicher Säureschutzmantel kann geschädigt werden, was eine stärkere Entzündungsneigung zur Folge hat. Um Verfärbungen und Verklebungen am Barthaar zu vermindern, sollte das Haar im Schnauzenbereich nach jedem Fressen gereinigt werden, außerdem sollte es selbstverständlich sein, dass die Afterregion nach jedem "Geschäft" kontrolliert und gegebenenfalls gesäubert und freigeschnitten wird.

Regelmäßige Fellpflege ist unerlässlich, sonst wird aus Ihrem attraktiven Hochländer schnell ein kleines Schmutzknäuel.

Perfekte Ernährung ist heute kein Problem mehr: Die führenden Hersteller von Fertigfutter haben inzwischen hochwertiges Spezialfutter entwickelt, das allen Ansprüchen genügt.

Regelmäßiges Bürsten ist wichtiger Bestandteil der Fellpflege eines West Highland White Terriers

Regelmäßige Fellpflege, die aufgrund des Massageeffektes über eine bessere Durchblutung der Haut der Haarqualität auch indirekt zugute kommt, ist durch sporadische Großeinsätze nicht zu ersetzen ; und nur, wenn sich unser Westie einmal in Aas oder noch übler Riechendem gewälzt haben sollte, ist eine Dusche unter Verwendung eines geeigneten Spezialshampoos fällig. Wird der Hund danach trockenfrottiert (fönen ist nicht notwendig, es sei denn, der Hund könne sein Haar nicht zugfrei trocknen) und gebürstet, so hält sich die Beeinträchtigung der Haarqualität in Grenzen.
Schließlich kommen die Ohren einiger Westie-Welpen durch mangelnde Pflege gelegentlich nicht zum Stehen: Werden bei extrem starkem Haarwuchs an den weichen Ohren die Ohrmuscheln für längere Zeit nicht fachgerecht freigetrimmt, so kann die schwere Befederung verhindern, dass sich die Ohren von selbst aufrichten. Außerdem ist beim Westie auf den Haarwuchs im äußeren Gehörgang sorgfältig zu achten; er begünstigt das Entstehen von Ohrentzündungen. Die betreffenden Haare sollten regelmäßig ausgezupft werden, um solche Irritationen zu vermeiden.

Ernährung und Gesundheitsvorsorge

Heute ist es glücklicherweise kein Problem mehr, einen Hund in jeder Lebensphase optimal zu ernähren. Die führenden Hersteller von Fertigfutter haben inzwischen mit erheblichem Forschungsaufwand hochwertiges Spezialfutter entwickelt, das – unter Berücksichtigung von Lebensalter, Größenwachstum und körperlicher Belastung – die Versorgung eines Hundes mit Eiweiß, Fett, Kohlehydraten, Mineralstoffen und Vitaminen in der jeweils besten Kombination dieser notwendigen Nahrungsbestandteile sicherstellt.
Halten Sie sich zumindest in den ersten Wochen nach Übernahme des Welpen gewissenhaft an den Fütterungsplan, den Ihnen der Züchter Ihres Welpen mitgegeben hat, um die Eingewöhnungsphase des Westie-Welpen auch im Ernährungsbereich möglichst schonend zu gestalten. Im Alter von zwei bis drei Monaten sollte ein junger Welpe seine Ration Welpen- oder Junghund-Futter möglichst in vier Mahlzeiten pro Tag erhalten, im Alter von vier bis sechs Monaten in drei Mahlzeiten, im Alter von sieben bis elf Monaten in zwei Mahlzeiten, und vom zwölften Lebensmonat an ist in der Regel eine Mahlzeit pro Tag ausreichend. Frisches Trinkwasser muß jederzeit zur Verfügung stehen.
Angesichts der Ausgewogenheit des heute für Welpen und Junghunde angebotenen Spezialfutters im Hinblick auf Vitamine, Mineralstoffe und Spurenelemente ist hier ein Hinweis dringend geboten: Füttern Sie niemals ohne tierärztliche Empfehlung zusätzlich Vitamine und Mineralstoffe – hier kann mehr im Zweifel zu viel bedeuten und für die Entwicklung des Welpen oder Junghundes schädlich sein.
Etwaige Ernährungsumstellungen sollten Sie mit dem Züchter ihres Welpen oder dem Tierarzt Ihres Vertrauens, bei dem Sie auch die regelmäßig fälligen Schutzimpfungen durchführen lassen, besprechen oder sich mit den Züchterberatungsdiensten der führenden Futtermittelhersteller in Verbindung setzen.
Zur Gesundheitsvorsorge gehören die regelmäßigen Impfungen gegen Staupe, Hepatitis, Leptospirose, Parvovirose und unter Umständen Zwingerhusten sowie gegen

Gerade bei Welpen ist die richtige Dosierung der Futtermenge wichtig.

Tollwut. Außerdem muß der Hund regelmäßig entwurmt werden. Den Impfplan und die regelmäßigen Wurmkuren legen Sie zweckmäßigerweise mit Ihrem Tierarzt fest; auch Ihr Züchter hat Ihnen sicher schon Empfehlungen hierzu gegeben.
Wenn Sie Ihren Welpen im Alter von zwölf bis vierzehn Wochen übernommen haben, sollten in seinem Impfpass im übrigen bereits zwei Impfungen, also die komplette Grundimmunisierung, eingetragen sein. Es sind dies die Impfungen gegen Staupe, Hepatitis, Leptospirose und Parvovirose. Die Tollwutimpfung erfolgt zweckmäßigerweise ab dem Alter von vier Monaten.

Beim Krallenschneiden ist Vorsicht geboten: Achten Sie darauf, dass Sie die Ader in der Kralle nicht verletzen, sonst kann es zu Blutungen kommen.

Grundlagen der Erziehung und Einzelprobleme

Die Erziehung eines Hundes erfordert Konsequenz, Geduld und Einfühlungsvermögen – in dieser Hinsicht sind Hunde eben auch „nur Menschen!" – sowie die Kenntnis der Tatsache, dass Hunde nicht logisch denken, sondern assoziativ. Dies bedeutet schlicht, dass selbst ein intelligenter Westie üblicherweise nicht in der Lage ist, zwei in größerem zeitlichem Abstand stattfindende Ereignisse, die in ursächlichem Zusammenhang stehen, als ursächlich zusammenhängend zu begreifen; sein Denken vollzieht sich vielmehr in der Form, dass er in der Regel nur zwei zeitlich unmittelbar aufeinanderfolgende Ereignisse als zusammengehörig betrachten kann.
Dieser Umstand hat für die Erziehung von Hunden weitreichende Konsequenzen:
- Das Strafen eines Hundes ist nur sinnvoll, wenn man ihn beim Begehen einer Missetat oder unmittelbar danach ertappt. Als Strafe geeignet und meist völlig ausreichend sind ein scharfer „Anpfiff" und unter Umständen leichtes Schütteln des Hundes mit festem Griff im Nackenfell. Schläge sind als Strafe denkbar ungeeignet.

Der West Highland Terrier ist sehr gelehrig und freut sich genauso wie sein Herrchen, wenn er etwas Neues dazugelernt hat. Er ist ein Hund voller Energie mit ausgeprägtem Selbstbewusstsein.

• Um einem Hund klar zu machen, was er zu tun hat, ist ein unmittelbar nach der Leistung gespendetes Lob, unter Umständen auch mit Leckereien, das gebotene Mittel. Wer seinen Hund zehnmal vergeblich zu sich gerufen hat, muss ihn, selbst wenn das Stimmungsbarometer auf Orkan steht, intensiv loben, wenn er denn gütigerweise beim elften Mal tatsächlich kommt. Wer in einer solchen Situation die Beherrschung verliert und seinen Hund in dem Moment, in dem er gekommen ist, bestraft, bewirkt damit nur, dass der Hund mit „auf Befehl zu Herrchen kommen" bündig „bestraft werden" assoziiert. Ein solcher Hund wird seinen „Erzieher" in vergleichbaren Situationen nur noch mit Sicherheitsabstand umkreisen, was unter anderem das Anleinen ganz außerordentlich erschwert. Mit der Hand geprügelte Hunde können, neben anderen hierdurch verursachten irreparablen Schäden, sogar handscheu werden.

Zur Konsequenz bei der Erziehung eines so selbstbewußten Hundes, wie es dieser Terrier ist, gehört auch, dass man geduldig das Befolgen einer einmal gegebenen Anordnung herbeiführt und dass man für ein und dieselbe Anordnung auch stets ein und dasselbe Kommando bei entsprechendem Tonfall verwendet. Ein Westie lernt so sehr schnell, wer der Rudelführer ist – insbesondere dann, wenn dieser beim Erziehen seines Weißen Hochländers klug genug ist, nur dann einen Befehl zu geben, wenn er ihn auch durchsetzen kann. Im übrigen: Wer nicht sofort mit der Erziehung seines West Highland White Terriers beginnt, darf sicher sein, von ihm erzogen zu werden. Hundeerziehung lässt sich nun einmal nicht aufschieben. Es ist kaum möglich, einem Hund klarzumachen, dass Dinge, die zwei Wochen lang geduldet oder gar mit Entzücken verfolgt wurden, plötzlich verboten sein sollen.

ehung

Die Erziehung zur Stubenreinheit ist üblicherweise nicht mit Schwierigkeiten verbunden. Entscheidend ist, dass man sich einige Tage Zeit nimmt, den gerade erworbenen Welpen genau zu beobachten und die zeitliche Abfolge seiner Bedürfnisse kennenzulernen, denn kleine und vor allem größere Geschäfte kommen meist nicht aus heiterem Himmel. Die Erfahrung lehrt, dass man mit folgender Faustregel in relativ kurzer Zeit zum Erfolg kommen kann: Wer mit seinem Welpen nach jedem Fressen, nach jedem Schlafen, zwischendurch spätestens nach jeweils eineinhalb bis zwei Stunden und dazu abends so spät und morgens so früh wie möglich nach draußen an den Ort geht, der auf Dauer der Löseplatz sein soll, dort genügend Geduld für den Hund aufbringt und ihn nach Erledigung seines Geschäfts ausgiebig lobt, hat sehr bald einen stubenreinen Hund, der anzeigt, wann er „muß“. Wenn der Welpe bei dieser Prozedur immer wieder mit den gleichen Worten animiert wird, verrichtet er später sein Geschäft vielleicht sogar auf Kommando!

Eine nützliche Hilfe bei der Erziehung zur Stubenreinheit ist es erfahrungsgemäß, wenn als Behausung des Welpen eine verschließbare Box gewählt wird. Sein Instinkt verbietet ihm die Verunreinigung seines Schlaf- und Ruheplatzes, und er wird sich um so deutlicher bemerkbar machen, wenn er sich lösen muss. Grundsätzlich gilt: Wenn man feststellt, dass ein Welpe sich mit suchendem Schnüffeln unter auffälligen Drehungen anschickt, sich hinzuhocken, ist es höchste Zeit, ihn hochzunehmen und nach draußen auf seinen Löseplatz zu setzen.

War der Welpe bei seinem Züchter daran gewöhnt, sich auf Zeitungspapier zu lösen, wobei die Zeitungsfläche mit der Zeit sinnvollerweise immer kleiner wurde, so empfiehlt es sich durchaus, dieses Verfahren beizubehalten, indem man dem Welpen die Zeitung zunächst als Löseplatz lässt (zweckmäßigerweise auf dem Balkon oder auf der Terrasse). Dies könnte für nachts und für längere Zeiten des Alleinseins am Tage für alle Beteiligten ein Erleichterung sein. Trotzdem sollte der Hund zu den schon genannten Anlässen und Zeiten regelmäßig nach draußen geführt werden, und zwar möglichst an einen Ort, dessen Untergrund dem Auslauf des Welpen beim Züchter ähnelt. Der Welpe wird sich recht bald daran gewöhnen, seine Geschäfte draußen zu verrichten, da er den Trieb hat, sein Heim sauber zu halten – ganz davon abgesehen, dass es draußen interessanter riecht.

Ein wohlerzogener West Highland White Terrier darf aber nicht nur seine Wohnung nicht verunreinigen, er soll sie auch bewachen; letzteres gilt auch für seine zweibeinigen Rudelgefährten. Es gehört zu der natürlichen Ausstattung vieler Weißer Hochländer, dies ohne große Anleitung zu tun. Wer aber in eitler Freude darüber, dass er sich seinen Mitmenschen mit einem außergewöhnlich attraktiven Hund zeigen kann, diesen von jedermann streicheln lässt, darf sich nicht wundern, wenn sein Westie, den Wachsamkeit und ein freundlich distanziertes Selbstbewusstsein gegenüber Fremden auszeichnet, bald diese schätzenswerte Eigenschaft verliert und zu jedermanns Liebling wird.

Vorrausschauendes Handeln, Lob und viel Geduld sind wichtig bei der Hundeerziehung.

Zucht und Ausstellung

Wer mit seinem West Highland White Terrier einmal züchten oder ihn ausstellen möchte, wird vom Züchter seines Hundes oder vom Klub für Terrier e.V. (KfT) alle notwendigen Informationen erhalten. Eine der Grundvoraussetzungen dafür, daß ein Westie auf VDH- bzw. KfT-geschützten Ausstellungen gemeldet und gezeigt werden darf, ist seine Eintragung im Zuchtbuch oder im Register des KfT oder eines vom VDH anerkannten ausländischen Rassezuchtvereins.

Mancher Welpenkäufer, der sich erst nach dem Kauf seines Welpen sachkundig gemacht hat oder bei einem seriösen Züchter nicht lange auf seinen Welpen mit VDH-Papieren warten mochte und erst später zu der Erkenntnis kommt, daß er unter den heutigen Rahmenbedingungen mit seinem Hund in einem VDH-Verein besser aufgehoben wäre, braucht indessen nicht zu verzagen.

Viele dieser Vereine sind inzwischen zu der Einsicht gelangt, daß Käufer von Welpen ohne VDH-Papiere keine schlechteren Menschen sein müssen und daß es durchaus sinnvoll sein kann, rassetypische Hunde aus nicht so sorgfältig kontrollierten Zuchten nach einer gründlichen Phänotypbeurteilung (der Überprüfung des äußeren Erscheinungsbildes auf Übereinstimmung mit dem gültigen Rassestandard) durch einen für diese Rasse zugelassenen Zuchtrichter unter festgelegten Voraussetzungen in das Register ihres Zuchtbuches zu übernehmen. Zu diesen Vereinen gehört auch der KfT.

Wenn sie daran interessiert sind, Ihren West Highland White Terrier auf Ausstellungen vorzuführen, sollten Sie darauf achten, dass Ihr Westie im Zuchtbuch des Klub für Terrier oder eines vom VDH anerkannten ausländischen Verbandes eingetragen ist.

Die Zukunft

Ausbildungsmöglichkeiten und Sport

Seinen West Highland White Terrier liebevoll und konsequent zu erziehen, ist ein Muss für jeden Westie-Liebhaber, eine weitergehende Ausbildung mit ihm zu machen oder gar Sport mit ihm zu treiben, sind attraktive Möglichkeiten.
Die sicherlich sinnvollste Ausbildung kann man seinem Westie mit der Vorbereitung zur Begleithund-Prüfung angedeihen lassen (Zulassungsalter: zwölf Monate), die u.a. die Leinenführigkeit, Führigkeit und das Verhalten im Straßenverkehr und das Verhalten des angeleint allein gelassenen Hundes gegenüber anderen Hunden zum Inhalt hat.

Die Begleithundprüfung ist auch Voraussetzung für die Teilnahme an den für Hund und Hundeführer gleichermaßen spannenden Agility-Wettbewerben, bei denen auf einem Geschicklichkeitsparcours von 100 bis 200 Metern Länge zehn bis zwanzig Hindernisse zu überwinden sind. Fly-Ball-Wettbewerbe und Fährtenhundprüfung sind für einen Westie ebenfalls geeignete Betätigungsfelder.
Durch eine Anfrage beim Deutschen Hundesport-Verband (DHV) erfahren Sie, wo Sie in Ihrer Nähe geeignete Ausbildungsplätze und kompetente Ausbilder finden. Dafür, dass Spiel und Spaß beim Sport mit Ihrem Westie stets im Vordergrund stehen, sind jedoch allein Sie als Hundehalter verantwortlich.

Westies sind auch im Hundesport zu beachtlichen Leistungen fähig

Der wichtigste Grundstein der Erziehung ist Konsequenz.

Erlaubnis nach § 11 Tierschutzgesetz
Wer gewerbsmäßig Hunde züchtet, muss nach § 11 Tierschutzgesetz die entsprechende ordnungsbehördliche Erlaubnis nachweisen können.
Diese darf nur erteilt werden, wenn die betreffende Person die erforderliche Sachkunde nachgewiesen hat, die für diese Tätigkeit notwendige Zuverlässigkeit besitzt und wenn die der Zucht dienenden Räume und Einrichtungen eine artgerechte Ernährung, Pflege und Unterbringung der Hunde ermöglichen.

Ahnentafel
Die Ahnentafel ist der Abstammungsnachweis eines Rassehundes, der von der Zuchtbuchstelle des Rassehunde-Zuchtvereins ausgestellt wird, der im VDH die betreffende Rasse betreut. Die Ahnentafel muss neben dem Emblem des Zuchtvereins deutlich mit dem Emblem des VDH und der FCI gekennzeichnet sein.
Die Ahnentafel muss folgende Informationen enthalten:
Rasse, Name, Geschlecht, Wurftag, Farbe, Zuchtbuch- und Identifikationsnummer des Hundes (Tätowierung oder Chip); drei Generationen der Ahnen des Hundes mit Angaben über Titel, Prüfungen, Körungen und Ergebnissen von Gesundheitsuntersuchungen sowie Namen und Anschrift des Züchters. Die Richtigkeit der Angaben muss vom Züchter und der Zuchtbuchstelle des Klubs bestätigt sein.
Wird, wie beispielsweise in Österreich und der Schweiz, das Zuchtbuch beim nationalen Verband (ÖKV, SKG) geführt, so tragen die Ahnentafeln lediglich die Embleme des nationalen Verbandes und der FCI.
Die Ahnentafel gehört zum Hund!

Zuchtbuch
Das Zuchtbuch enthält alle wesentlichen Daten über alle Tiere einer Rasse, die im Zuständigkeitsbereich der zuchtbuchführenden Organisation (Zuchtverein, nationaler Verband) gezüchtet oder als Importe eingetragen wurden. Es bildet damit eine wesentliche Grundlage der Rasehundezucht. Alle im Zuchtbuch niedergelegten wichtigen Informationen über einen Rassehund müssen auf dessen Ahnentafel geordnet wiedergegeben werden.

Zuchtwartbericht
Der Zuchtwartbericht ist ein wichtiges Dokument der Zuchtkontrolle. Auf diesem Formblatt muss der Zuchtwart, der im Auftrag des Rassehundezuchtvereins den Wurf betreut und kontrolliert, alle wichtigen Informationen über einen Wurf und jeden eizelnen Welpen protokollieren.
Dazu gehören insbesondere: Konstitution, Kondition, Hygiene und Futterzustand, Haarart, Gebiss, Verhalten und evtl. zuchtausschließende Fehler eines jeden Welpen zum Zeitpunkt der Endabnahme des Wurfes; Tätowier- oder Chip-Nummern; Unterbringung und Auslaufmöglichkeiten der Welpen; Zustand der Mutterhündin, Anzahl der insgesamt gehaltenen Hunde und wichtige Impfdaten.

Impfpass
Der Internationale Impfpass ist ein offizielles Dokument, das vom Tierarzt bei der Erstimpfung der Welpen (im Alter von acht bis zehn Wochen) ausgestellt wird; in ihm sind alle Impfdaten der Erstimpfung enthalten und alle weiteren Impfungen zu dokumentieren. Zudem enthält er Vordrucke für amtstierärztliche Bestätigungen und Gesundheitsbescheinigungen für Auslandsreisen.

Fédération Cynologique Internationale (FCI)
Die FCI wurde 1911 in Paris von den führenden kynologischen Vereinigungen Belgiens, Deutschlands, Frankreichs, Hollands und Österreichs als internationaler Dachverband gegründet. Sie hat heute 48 föderierte und 21 assoziierte Mitglieder. Nur die föderierten Mitglieder sind Vollmitglieder, die über die Statuten der FCI entscheiden können und sie in ihrer jeweils gültigen Form anerkennen.
Die wichtigsten Aufgaben der FCI sind:
- die Reglung des internationalen Zuchtrechts (Internationales Zuchtreglement),
- die Sicherung der Standardhoheit des Mutterlandes einer Rasse,
- die Anerkennung neuer Rassen,
- die Festlegung von Regularien für das Ausstellungs- und Richterwesen.

Der deutschsprachige Raum ist in der FCI vertreten durch:
- VDH (Verband für das Deutsce Hundewesen e. V.)
- ÖKV (Österreichischer Kynologenverband),
- SKG (Schweizerische Kynologische Gesellschaft),
- UCHL (Union Cynologique Saint Hubert du Grand-Duché de Luxembourg).

Verband für das Deutsche Hundewesen e. V. (VDH)
Der Verband für das Deutsche Hundewesen e. V. als nationaler Dachverband für die Bundesrepublik Deutschland wurde 1906 als „Kartell der stammbuchführenden Spezialclubs für Jagd- und Gebrauchshunde" gegründet. Er repräsentiert heute die Kompetenz von mehr als 160 Rassehunde-Zuchtvereinen und Hundesportverbänden mit etwa 650 000 Mitgliedern. Zur Förderung der Zucht gesunder und verhaltenssicherer Hunde gilt im VDH eine der strengsten Zuchtordnungen der Welt. Die Verbandszeitschrift „Unser Rassehund" erscheint monatlich.

Österreichischer Kynologenverband (ÖKV)
Der Österreichische Kynologenverband wurde 1909 gegründet. Er umfasst heute über 90 Verbandskörperschaften (Rassehunde-Zuchtvereine, Prüfungsvereine und Allgemeinvereine) mit über 45 000 Mitgliedern. Er führt zentral das Österreichische Hundezuchtbuch (ÖHZB). Die Verbandszeitschrift „Unsere Hunde" erscheint monatlich.

Schweizerische Kynologische Gesellschaft (SKG)
Die Schweizerische Kynologische Gesellschaft wurde 1883 gegründet. Sie besteht heute aus rund 180 Lokalsektionen und 80 Rassespezialklubs mit über 60 000 Mitgliedern. Die SKG führt zentral das Schweizerische Hundestammbuch (SHSB). Die Verbandszeitschrift „Hunde" erscheint 19-mal im Jahr.

Union Cynologique Saint Hubert du Grand-Duché du Luxembourg (UHCL)
Die Union Cynologique Saint Hubert du Grand-Duché du Luxembourg geht auf den 1925 gegründeten Club Saint Hubert zurück, aus dem 1928 eine Hunde-Sektion hervorging. Sie führt zentral das Luxemburger Hundestammbuch (LOL).

Anhang

Information und Welpenvermittlung

Klub für Terrier e.V. (KfT)
Schöne Aussicht 9
65451 Kelsterbach/Main
Tel. 0 61 07 / 7 57 90, Fax 0 61 07 / 75 79 28
email: info@kft-online.de
Internet: www.kft-online.de

weitere Anschriften

Verband für das
Deutsche Hundewesen e.V. (VDH)
Westfalendamm 174
44141 Dortmund
Tel. 0 231 / 56 50 00, Fax 0 231 / 59 24 40
Internet: www.vdh.de

Deutscher Hundesport-Verband (DHV),
Geschäftsstelle
Gustav-Sybrecht-Str. 42
44536 Lünen
Tel. 0 231 / 8 79 49, Fax 0 231 / 8 77 08 13
Internet: www.dhv-hundesport.de

Fédération Cynologique Internationale (FCI)
13, Place Albert I
B–6530 Tuin
Internet: www.fci.be

Österreichischer Kynologenverband (ÖKV)
Siegfried-Marcus-Str. 7
A–2362 Biedermannsdorf
Internet: www.oekv.at

Schweizerische Kynologische Gesellschaft (SKG)
Länggassstraße 8
CH–3001 Bern
Internet: www.hundeweb.org

Union Cynologique
Saint Hubert du
Grand-Duché
de Luxembourg (UCHL)
B. P. 69
L-4901 Bascharage
Internet: www.ciad.lu/uch

Literatur

Cartledge, J. und L. (Hrsg.), 1973: The Complete Illustrated West Highlalld White Terrier, London.

Cox, H. (Hrsg.) 1906: Dogs by well-known Authorities, Vol. 1: The Terriers, London.

Dennis, D. M.: The West Highland White Terrier, London.

Faherty, R., 1981: Westies from Head to Tail, Loveland, Colorado.

Hands, B., 1977: The West Highland White Terrier, Edinburgh/London.

Marvin, J. T., 1977: The Complete West Highland White Terrier, New York.

Pacey, M., 1963: West Highland White Terriers, London.

Peper, W., 1987: West Highland White Terrier, Mürlenbach

Räber, H., 1974: Brevier neuzeitlicher Hundezucht, Bern.

Flamang, I., 1993: West Highland White Terrier

BEYERSDORF, P., 1993: Dein Hund auf Ausstellungen. 2. Auflage

KOBER, U., PEPER, W., 1995: Pareys Hundebuch. 2. Auflage.

QUEDNAU, F., 1987: Rechtskunde für Hundehalter.

WEIDT, H., 1996: Der Hund, mit dem wir leben: Verhalten und Wesen. 3. Auflage.